Le SРIRITISME

Abrégé de Philosophie spirite

PAR

Le SAR DE LAGARDE

CHATEAUROUX

IMPRIMERIE A. MELLOTTÉE

2, RUE GUTENBERG, 2

1904

Le
SPIRITISME

Abrégé de Philosophie spirite

PAR

Le SAR DE LAGARDE

CHATEAUROUX

IMPRIMERIE A. MELLOTTÉE

2, RUE GUTENBERG, 2

1904

PRÉFACE

Les Esprits du Seigneur, qui sont les vertus des
cieux, comme une immense armée qui s'ébranle
dès qu'elle en a reçu le commandement, se répandent sur toute la surface de la terre ; semblables à des étoiles qui tombent du ciel, ils viennent
éclairer la route et ouvrir les yeux des aveugles.

Je vous le dis en vérité, les temps sont arrivés
où toutes choses doivent être rétablies dans leur
sens véritable pour dissiper les ténèbres, confondre les orgueilleux et glorifier les justes.

Les grandes voix du ciel retentissent comme le
son de la trompette et les chœurs des anges s'as-
semblent. Hommes, nous vous convions au divin
concert ; que vos mains saisissent la lyre ; que
vos voix s'unissent, et qu'en un hymne sacré elles

s'étendent et vibrent d'un bout de l'univers à l'autre. Hommes, frères que nous aimons, nous sommes près de vous ; aimez-vous aussi les uns les autres, et dites du fond du cœur, en faisant les volontés du Père qui est au ciel : « Seigneur ! Seigneur ! » et vous pourrez entrer dans le royaume des cieux.

Nota : Cette communication d'un esprit supérieur, résumant le véritable caractère du spiritisme, a été placée par Allan Kardec comme préface de son Evangile selon le spiritisme. Pour la même raison nous le reproduisons ici.

CHAPITRE PREMIER

LE SPIRITISME

Il est peu de personnes, en dehors des spirites, qui soient capables de donner une définition exacte du spiritisme. Généralement on ne voit dans les manifestions spirites les plus connues, que des phénomènes d'ordre purement scientifique. Beaucoup de personnes admettent la possibilité de communiquer avec un être intelligent invisible, mais n'y reconnaissent qu'un fait diabolique. Enfin nombreuses sont celles qui ne veulent voir dans tous ces phénomènes, que charlatanisme ou jonglerie. Et pourtant en quelques dizaines d'années le spiritisme a fait dans tous les pays, parmi toutes les religions, un nombre d'adeptes plus considérable que le christianisme en plusieurs siècles.

Une pareille affirmation ne sera pas lancée sans provoquer l'étonnement et la raillerie. Et pourtant rien de plus vrai. Il en est malheureusement et naturellement des débuts du spiritisme, comme de ceux du christianisme. Pour un spirite qui proclame ouvertement sa foi et en propage les croyances, combien se taisent.

Le respect humain et souvent la crainte des conséquences matérielles d'une profession de foi, leur ferment la bouche. Quand ils en parlent, quand ils cherchent à faire des adeptes, ce n'est qu'avec de méticuleuses précautions. Ce sont là les tièdes de la doctrine qui fourmillent dans toutes les classes de la société.

Ce qui fait aussi supposer à une foule de personnes que le spiritisme ne fait pas autant de progrès, c'est qu'elles se figurent presque toujours, qu'il est une religion à part, impliquant une rupture complète avec toute autre. C'est une erreur profonde.

L'enseignement des esprits nous apprend que Dieu n'attache aucune importance à la forme. Adorez-le sous celle qui vous plaira. Soyez catholique, libre penseur, etc., mais avant tout priez et mettez en pratique les enseignements du Christ qu'un seul mot peut résumer : charité.

Pour être spirite, il vous suffit donc de croire à la possibilité des rapports d'outre-tombe et à la réincarnation, c'est-à-dire à une série d'existences, pendant lesquelles l'âme expie ses fautes passées, progresse intellectuellement et moralement et se rapproche peu à peu de la perfection. Aussi, innombrables sont les personnes, qui, tout en conservant la religion dans laquelle elles sont nées, admettent cette consolante croyance. Un nombre considérable de sociétés spirites répandues dans toutes les parties du monde, permettent de centraliser tous les renseignements désirables et de suivre pour ainsi dire pas à pas, les progrès les plus insensibles du spiritisme.

Que d'absurdités n'a-t-on pas répandues sur le spiritisme.

N'avons-nous pas entendu accuser le spiritisme d'être une véritable franc-maçonnerie. Par son caractère et vu le sens que l'on attribue généralement à tort ou à raison à cette secte, il en est l'opposé le plus absolu.

Certains de nos adversaires cherchent à accréditer le bruit, que nous avons la prétention d'invoquer en n'importe quel lieu et quel moment, n'importe quels esprits, fussent Napoléon, César, saint Augustin, et qu'irrévocablement ils doivent répondre à notre appel. Une si singulière prétention, quelque profondément ridicule qu'elle serait, a pourtant trouvé assez de crédit pour que nous croyons utile de la réfuter. Quand nous invoquons des esprits, ce sont presque toujours ceux des personnes que nous avons connues, parents ou amis, ou bien nos esprits protecteurs. Quant aux esprits supérieurs, quand ils veulent se manifester, c'est presque toujours, spontanément. On a répandu aussi cette croyance que pour obtenir une manifestation, il fallait avoir la foi. Il est certain qu'en présence de personnes convaincues, un esprit a beaucoup plus de plaisir et de facilités à se communiquer. Mais si les incrédules ne pouvaient voir ce qui, mieux que n'importe quoi, est susceptible de les amener à notre foi, il est probable que malgré la beauté de la doctrine il n'y aurait pas aujourd'hui la 10e partie des spirites qui existent à l'heure actuelle. Ce qu'il faut dans une réunion spirite pour obtenir de bonnes séances, ce n'est pas la foi, mais la bonne foi. Lorsque des personnes apportent dans une réunion, avec de fortes idées préconçues, un parti pris de moquerie, les esprits ne se trouvant pas dans un milieu sympathique, refusent le plus souvent de se communiquer.

Nous n'en finirions pas, si nous voulions énumérer toutes les explications que l'on a voulu donner des phénomènes spirites : hypnotisme, auto-suggestion, etc... Une étude attentive du spiritisme a bientôt fait d'en démontrer l'absurdité. Nous sommes même absolument convaincu, que tout spiritualiste qui sans idées préconçues, cherchera fermement à se rendre un compte exact de ce qu'est le spiritisme, deviendra rapidement quatre-vingt-dix-neuf fois sur cent, pour ne pas dire toujours, un fervent spirite.

Le spiritisme répond trop au besoin d'idéalisme qui tourmente aujourd'hui l'humanité, il résout trop de problèmes, pour qu'il ne soit rapidement accueilli par la plus grande partie de l'humanité.

Il porte en lui les germes d'une religion définitive, rien ne pourra l'arrêter dans sa marche. Toujours d'accord avec la science, il est et deviendra de plus en plus dans une foule de cas son allié, car le spiritisme est lui-même une science, mais qui a des conséquences morales. Lui seul résout définitivement le grand problème de l'au delà, et

1.

tout ce qui, dans l'enseignement du Christ, paraissait inexplicable ou mal interprété, trouve par lui sa solution. On en retrouve les traces dans l'histoire de tous les temps et de tous les pays. Tertullien en particulier parle des tables tournantes et parlantes. Mais le moment n'était pas encore arrivé pour l'humanité, de recevoir les enseignements que les esprits nous donnent aujourd'hui. Elle ne les eut pas ou mal compris, trop peu avancée pour cela. Dieu ne permettait que des révélations restreintes et nous savons maintenant ce que pouvaient être les fameux mystères de l'antiquité.

Moïse fut la première révélation de Dieu. Le Christ vint ensuite. Enfin le spiritisme vient, comme il était prédit, expliquer ses enseignements, les compléter et établir définitivement le règne de Dieu sur la terre. Selon la promesse du Christ, il fera de l'humanité entière un seul troupeau.

Nous compléterons ce chapitre par les lignes suivantes, copiées textuellement dans l'Évangile selon le spiritisme d'Allan Kardec, et relatant l'étroite alliance qui doit exister entre la science et la religion.

« La science et la religion sont les deux leviers de l'intelligence humaine ; l'une révèle les lois du monde matériel, et l'autre les lois du monde moral ; mais les unes et les autres, ayant le même principe qui est Dieu, ne peuvent se contredire : si elles sont la négation l'une. de l'autre, l'une a nécessairement tort et l'autre raison, car Dieu ne peut vouloir détruire son propre ouvrage. L'incompatibilité qu'on a cru voir entre ces deux ordres d'idées, tient à un défaut d'observation et à trop d'exclusivisme de part et d'autre ; de là un conflit d'où sont nées l'incrédulité et l'intolérance.

» Les temps sont arrivés où les enseignements du Christ doivent recevoir leur complément ; où le voile, jeté à dessein sur quelques parties de cet enseignement, doit être levé ; où la science, cessant d'être exclusivement matérialiste, doit tenir compte de l'élément spirituel, et où la religion cessant de méconnaître les lois organiques et immuables de la matière, ces deux forces s'appuyant l'une sur l'autre et marchant de concert, se prêteront un mutuel appui. Alors la religion, ne recevant plus de démenti de la science, acquerra une puissance inébranlable, parce qu'elle sera d'accord avec la raison, et qu'on ne pourra lui opposer l'irrésistible logique des faits. La science et la religion n'ont pu s'entendre jusqu'à ce jour, parce que chacune envisageant les choses à leur point de vue exclusif, elles se repoussaient mutuellement. Il fallait quelque chose, pour combler le vide qui les séparait ; un trait d'union qui les rapprochât ; ce trait d'union est dans la connaissance des lois qui régissent le monde spirituel et ses rapports avec le monde corporel, lois tout aussi immuables que celles qui règlent le mouvement des astres et l'existence des êtres. Ces rapports, une fois constatés par l'expérience, une lumière nouvelle s'est faite ; la foi s'est adressée à la raison, la raison n'a rien trouvé d'illogique dans la foi, et le matérialisme a été vaincu. Mais en cela comme en toutes choses, il y a des gens qui restent en arrière, jusqu'à ce qu'ils soient entraînés par le mouvement général qui les écrase s'ils veulent y résister, au lieu de s'y abandonner. C'est toute une révolution morale qui s'opère en ce moment et travaille les esprits, après s'être élaborée pendant plus de dix-huit siècles, elle touche à son accomplissement et va marquer une nouvelle ère dans l'humanité. Les conséquences de cette révolution sont faciles à

prévoir ; elle doit apporter dans les rapports so-
ciaux, d'inévitables modifications, auxquelles il
n'est au pouvoir de personne de s'opposer, parce
qu'elles sont dans les desseins de Dieu et qu'elles
ressortent de la loi du progrès, qui est une loi de
Dieu. »

CHAPITRE II

Dieu.

Dieu est l'intelligence suprême, cause première de toutes choses. L'homme ne peut donner une définition complète de Dieu. Tout ce qu'il peut encore en dire, c'est qu'il est sans commencement ni fin, infini dans ses perfections. Sa nature intime n'est comprise que des esprits arrivés au suprême degré de perfection. Ils le voient et le comprennent. A mesure que l'homme s'élève et s'épure il le comprend mieux.

La meilleure preuve que l'on puisse donner de l'existence de Dieu réside dans cet axiome : il n'y a pas d'effets sans causes. Il ne paraît pas probable qu'il puisse exister de matérialistes convaincus. Les derniers des sauvages portent toujours en eux la confuse intuition d'une puissance supérieure et d'un au delà. Quant à la doctrine panthéiste, la raison en démontre l'absurdité. Dieu ne serait plus immuable et serait sujet aux besoins et aux vicissitudes de la matière.

Eléments généraux de l'univers

Connaissance du principe des choses. — Il faut que l'homme s'élève pour pouvoir pénétrer peu à peu le mystère des choses qui lui sont encore cachées. Il n'est pas possible que tout lui soit révélé sur cette terre. Il n'a pas les facultés voulues pour cela. La science ne peut lui en révéler qu'une partie. Quand Dieu le juge utile, ce qu'il ne lui est pas possible d'apprendre par la science, peut lui être dévoilé.

Esprit et matière. — Dieu, l'esprit et la matière, constituent la trinité universelle. L'esprit est le principe intelligent de l'univers. La matière peut se définir, le lien qui enchaîne l'esprit, l'instrument qui le sert et sur lequel il exerce son action. La matière est formée par la condensation du fluide universel qui pénètre tout et remplit l'infini, le vide n'existant nulle part. Toutes les propriétés de la matière ne sont que des modifications de ce fluide.

Les fluides électriques et magnétiques sont également des modifications de ce fluide.

Création.

Formation des mondes. — Les mondes se forment par la condensation du fluide universel. Dieu renouvelle les mondes. L'infini est peuplé de mondes en formation, habités, ou en voie de dissolution.

Formation des êtres vivants. — Tous les êtres vivants sont issus de germes qu'a renfermés notre terre. L'espèce humaine a pris naissance sur divers points du globe et à diverses époques. La constitution physique des mondes n'étant pas semblables pour tous, les êtres qui les habitent n'ont pas la même organisation. Mais la forme humaine plus ou moins matérielle et embellie se retrouve dans tous les mondes, avec des organes appropriés à son milieu.

Principe vital.

Les êtres organiques sont ceux qui ont en eux une source d'activité intime qui leur donne la vie. Elle est dûe à l'union de la matière avec le principe vital qui a sa source dans le fluide universel et que l'on appelle aussi fluide magnétique ou fluide électrique animalisé. Il entretient le jeu des organes et peut se transmettre d'un individu à un autre. Il est l'intermédiaire, le lien, entre l'esprit et la matière. Il est le même pour tous les êtres organiques, mais modifié selon les espèces.

Après la mort il retourne à la masse.

CHAPITRE III

Les esprits. — Êtres intelligents et immortels de la création, les esprits ont été créés de tout temps. Leur origine reste le secret de Dieu. Ils peuplent l'infini de l'espace et sont une des puissances de la nature, les instruments dont Dieu se sert pour l'accomplissement de ses vues providentielles. Certaines régions de l'espace sont interdites aux moins avancés. Ils ont une forme déterminée, limitée et constante. Ils franchissent l'espace avec la rapidité de la pensée et la matière ne leur oppose aucun obstacle. Ils rayonnent plus ou moins selon leur degré de pureté, ce qui leur permet de se manifester sur plusieurs points à la fois, mais ne se divisent pas. L'esprit est entouré d'une enveloppe semi-fluidique. Dans certains cas, l'esprit peut lui faire subir une modification moléculaire, qui le rend visible et quelquefois palpable.

On peut diviser les esprits en trois grandes classes :

1° Les purs esprits ;

2° Ceux qui aspirent à la perfection et n'ont que le désir du bien ;

3° Les esprits imparfaits, caractérisés par les mauvaises passions, l'ignorance, la légèreté, le désir du mal ; ou qui sans être essentiellement mauvais, ne font ni bien ni mal.

Incarnation et réincarnation. — Que d'anomalies ne croyons-nous pas remarquer sur cette terre ? Combien de personnes ne sont-elles pas portées à douter de la justice divine, à la vue de tant d'êtres humains, accablés de misères et qui semblent n'avoir rien fait pour les mériter ? Pourquoi d'autres jouissent-ils de la richesse, de la santé, du bonheur ? Quel philosophe peut se vanter de nous avoir donné la clef du problème ? Le spiritisme par sa théorie de la réincarnation vient enfin lever le voile. Les esprits nous apprennent que nous n'en sommes pas sur ce globe à notre première existence.

L'homme, créé primitivement simple et igno-
rant, ne peut progresser que peu à peu, en pas-
sant par une série d'existences dans ce monde ou
dans d'autres.

Les misères de notre vie actuelle, sont donc
l'expiation des fautes de nos existences précédentes. Qui frappe par l'épée, périra par l'épée.
Nous subissons la peine du talion, et souffrons
tout ce que nous avons fait souffrir précédem-
ment à notre prochain. Nous subissons aussi les
conséquences du bien, que nous étions à même de
faire, et que nous n'avons pas fait. Le mauvais
riche par exemple, renaîtra dans une existence,
où il éprouvera tous les besoins qu'il avait été à
même de secourir.

Ces épreuves ne sont pas nécessairement des
épreuves méritées, car une foule d'esprits peuvent demander une vie d'épreuves, dans l'espoir
de la supporter sans murmure et de progresser
ainsi plus vite. Ces épreuves aident d'ailleurs,
non seulement au développement des facultés
morales mais aussi intellectuelles. Les esprits
n'ayant pas de sexe, naissent hommes ou femmes
suivant les épreuves qu'ils ont à subir. Ils ont
leur libre arbitre et choisissent celles-ci.

Dieu ne veut pas que dans notre monde où le mal domine, l'homme garde le souvenir de ses incarnations précédentes. Un peu de réflexion nous en montre tous les inconvénients. Dans les mondes plus avancés, où le mal n'existe plus, il en garde le souvenir précis.

L'incarné ou homme se compose de trois parties :

Le corps.

L'âme ou esprit incarné.

Le périsprit, enveloppe fluidique de l'âme, principe intermédiaire qui l'unit au corps, qu'elle puise dans le fluide universel du monde où elle s'incarne, et qu'elle conserve après la mort, avec l'apparence de sa dernière incarnation.

Les mondes. — Suivant leur degré d'avancement les mondes qui peuplent l'infini, peuvent se diviser en cinq grandes classes : primitifs, d'épreuves ou d'expiation, régénérateurs, heureux, célestes ou divins.

Les mondes primitifs sont affectés aux premières incarnations de l'esprit.

Dans les mondes expiatoires ou d'épreuves, le mal domine. Notre terre nous donne l'exemple d'un de ces mondes. C'est pourquoi l'homme y souffre tant.

Dans les mondes régénérateurs, les âmes ont encore à expier.

Dans les mondes heureux, le bien l'emporte sur le mal.

Les mondes célestes ou divins, ne contiennent que des esprits épurés. Le mal n'y existe pas.

Communication (Paris 1862). — Le progrès est une des lois de la nature ; tous les êtres de la création, animés et inanimés, y sont soumis par la bonté de Dieu, qui veut que tout grandisse et prospère. La destruction même qui semble aux hommes, le terme des choses, n'est qu'un moyen d'arriver par la transformation, à un état plus parfait, car tout meurt pour renaître, et rien ne rentre dans le néant. En même temps que les êtres vivants progressent moralement, les mondes qu'ils habitent progressent matériellement. Qui pourrait suivre un monde dans ses diverses phases depuis l'instant où se sont agglomérés les premiers atomes qui ont servi à le constituer, le verrait parcourir une échelle incessamment progressive ; mais par des degrés in-

sensibles pour chaque génération, et offrir à ses
habitants un séjour plus agréable, à mesure que
ceux-ci avancent dans la voie du progrès. Ainsi
marchent parallèlement, le progrès de l'homme,
celui des animaux ses auxiliaires, des végétaux et
de l'habitation ; car rien n'est stationnaire dans
la nature. Combien cette idée est grande et digne
de la Majesté du Créateur ! et qu'au contraire elle
est petite et indigne de sa puissance, celle qui
concentre sa sollicitude et sa providence sur l'im-
perceptible grain de sable qu'est la terre, et restreint l'humanité aux quelques hommes qui l'habitent. La terre, suivant cette loi, a été matériellement et moralement, dans un état inférieur à
ce qu'elle est aujourd'hui, et atteindra sous ce
double rapport, un degré plus avancé.

Elle est arrivée à une de ses périodes de transformation, où de monde expiatoire, elle va de-
venir monde régénérateur, alors les hommes y
seront heureux parce que la loi de Dieu y rè-
gnera. (Evangile selon le spiritisme.)

*Remarques confirmant la pluralité des exis-
tences.* — Les remarques que l'on pourrait faire à
ce sujet sont innombrables. Mais il en est de carac-

téristiques qui d'ailleurs ont été remarquablement discutées par Allan Kardec. Nous les reproduisons textuellement.

« En admettant, selon la croyance vulgaire, que l'âme prend naissance avec le corps, où, ce qui revient au même, qu'antérieurement à son incarnation elle n'a que des facultés négatives, nous posons les questions suivantes :

» 1° Pourquoi l'âme montre-t-elle des aptitudes si diverses et indépendantes des idées acquises par l'éducation ?

» 2° D'où vient l'aptitude extra-normale de certains enfants en bas âge, pour tel art ou telle science, tandis que d'autres restent inférieurs ou médiocres toute leur vie ?

» 3° D'où viennent, chez les uns, les idées innées ou intuitives qui n'existent pas chez d'autres ?

» 4° D'où viennent chez certains enfants, ces instincts précoces de vices ou de vertus, ces sentiments innés de dignité ou de bassesse, qui contrastent avec le milieu dans lequel ils sont nés ?

» 5° Pourquoi certains hommes, abstraction faite de l'éducation, sont-ils plus avancés les uns que les autres ?

» 6° Pourquoi y a-t-il des sauvages et des hommes

civilisés ? Si vous prenez un enfant hottentot à la mamelle et si vous l'élevez dans nos lycées les plus renommés, en ferez-vous jamais un Laplace ou un Newton ?

» Nous demandons quelle est la philosophie ou la théosophie qui peut résoudre ces problèmes. Ou les âmes à leur naissance sont égales, ou elles sont inégales, cela n'est pas douteux. Si elles sont égales pourquoi ces aptitudes si diverses ? Dira-t-on que cela dépend de l'organisme ? mais alors c'est la doctrine la plus immorale et la plus monstrueuse. L'homme n'est plus qu'une machine, le jouet de la matière ; il n'a plus la responsabilité de ses actes ; il peut tout rejeter sur ses imperfections physiques. Si elles sont inégales, c'est que Dieu les a créées ainsi ; mais alors pourquoi cette supériorité innée accordée à quelques-uns ? Cette partialité est-elle conforme à sa justice et à l'égal amour qu'il porte à toutes ses créatures ?

» Admettons au contraire, une succession d'existences antérieures progressives, et tout est expliqué. Les hommes apportent en naissant l'intuition de ce qu'ils ont acquis ; ils sont plus ou moins avancés, selon le nombre d'existences qu'ils ont parcourues, selon qu'ils sont plus ou moins

2

éloignés du point de départ : absolument comme
dans une réunion d'individus de tous âges, chacun
aura un développement proportionné au nombre
d'années qu'il aura vécu ; les existences succes-
sives seront pour la vie de l'âme, ce que les
années sont pour la vie du corps. Rassemblez un
jour mille individus, depuis un an jusqu'à quatre-
vingts, supposez qu'un voile soit jeté sur tous les
jours qui ont précédé, et que, dans votre ignorance, vous les croyez ainsi tous nés le même
jour : vous vous demanderez naturellement comment il se fait que les uns soient grands et les
autres petits, les uns vieux et les autres jeunes,
les uns instruits et les autres encore ignorants ;
mais si le nuage qui vous cache le passé vient à
se lever, si vous apprenez qu'ils ont tous vécu
plus ou moins longtemps, tout vous sera expliqué. Dieu, dans sa justice, n'a pu créer des âmes
plus ou moins parfaites ; mais avec la pluralité
des existences, l'inégalité que nous voyons, n'a
plus rien de contraire à l'équité la plus rigou-
reuse ; c'est que nous ne voyons que le présent et
non le passé. Ce raisonnement repose-t-il sur un
système, une supposition gratuite ? Non ; nous
partons d'un fait patent, incontestable : l'inégalité

des aptitudes et du développement intellectuel et moral, et nous trouvons ce fait inexplicable par toutes les théories qui ont cours ; tandis que l'explication en est simple, naturelle, logique, par une autre théorie. Est-il rationnel de préférer celle qui n'explique pas à celle qui explique?

» A l'égard de la sixième question, on dira sans doute que le Hottentot est d'une race inférieure : alors nous demanderons si le Hottentot est un homme ou non. Si c'est un homme, pourquoi Dieu l'a-t-il, lui et sa race, déshérité des privilèges accordés à la race caucasique? Si ce n'est pas un homme, pourquoi chercher à le faire chrétien ? La doctrine spirite est plus large que tout cela ; pour elle il n'y a pas plusieurs espèces d'hommes, il n'y a que des hommes dont l'esprit est plus ou moins arriéré, mais susceptibles de progresser : cela n'est-il pas plus conforme à la justice de Dieu ?

» Nous venons de voir l'âme dans son passé et son présent; si nous la considérons dans son avenir, nous trouvons les mêmes difficultés.

» 1° Si notre existence actuelle doit seule décider de notre sort à venir, quelle est, dans la vie future, la position respective du sauvage et de l'homme

civilisé? Sont-ils au même niveau ou sont-ils dis-
tancés dans la somme du bonheur éternel?

» 2° L'homme qui a travaillé toute sa vie à s'améliorer, est-il au même rang que celui qui est resté
inférieur, non par sa faute, mais parce qu'il n'a
eu ni le temps, ni la possibilité de s'améliorer?

» 3° L'homme qui fait mal, parce qu'il n'a pu
s'éclairer, est-il passible d'un état de choses qui
n'a pas dépendu de lui?

» 4° On travaille à éclairer les hommes, à les mo-
raliser, à les civiliser; mais pour un que l'on
éclaire, il y en a des millions qui meurent chaque
jour avant que la lumière soit parvenue jusqu'à
eux; quel est le sort de ceux-ci? Sont-ils traités
comme des réprouvés? Dans le cas contraire
qu'ont-ils fait pour mériter d'être sur le même
rang que les autres?

» 5° Quel est le sort des enfants qui meurent en
bas âge avant d'avoir pu faire ni bien, ni mal?
S'ils sont parmi les élus, pourquoi cette faveur,
sans avoir rien fait pour le mériter? Par quel pri-
vilège sont-ils affranchis des tribulations de la
vie?

» Y a-t-il une doctrine qui puisse résoudre ces
questions? Admettez des existences consécutives

et tout est expliqué, conformément à la justice de Dieu. Ce que l'on n'a pu faire dans une existence, on le fait dans une autre ; c'est ainsi que personne n'échappe à la loi du progrès, que chacun sera récompensé selon son mérite réel, et que nul n'est exclu de la félicité suprême, à laquelle il peut prétendre, quels que soient les obstacles qu'il ait rencontrés sur sa route.

» Ces questions pourraient être multipliées à l'infini, car les problèmes psychologiques et moraux qui ne trouvent leur solution que dans la pluralité des existences sont innombrables : nous nous sommes borné aux plus généraux. »

La réincarnation confirmée par le Christ. — Jésus parlant à Nicodème lui dit : « Personne ne peut voir le royaume de Dieu, s'il ne naît de nouveau », et Nicodème insistant, Jésus lui répond : « En vérité, en vérité, je vous le dis, si un homme ne renaît de l'eau et de l'Esprit, il ne peut entrer dans le royaume des cieux. Ce qui est né de la chair est chair, ce qui est né de l'esprit est esprit. Ne vous étonnez pas de ce que je vous ai dit ; il faut que vous naissiez de nouveau. »

Les anciens Hébreux considéraient l'eau, comme

2.

l'élément générateur absolu. Ainsi on lit dans la genèse : « Que les eaux produisent des animaux vivants, qui nagent dans l'eau, et des oiseaux qui volent sur la terre et sous le firmament. » L'eau était donc pour eux, le symbole de la nature matérielle.

Naître de l'eau signifiait donc, naître de matière. En disant : ce qui est né de la chair est chair, et ce qui est né de l'esprit, est esprit, Jésus nous montre que le corps seul procède du corps et que l'esprit en est absolument indépendant. Un père ne peut donner à son enfant que la vie organique. Quant à son esprit nous ignorons quel est son origine, ce qui est confirmé par ces paroles de Jésus dans la même conversation avec Nicodème au sujet de l'esprit : « Nous ne savons d'où il vient, ni où il va. »

La doctrine de la réincarnation nous montre que tous les esprits parviendront un jour à la perfection et se trouveront réunis dans le sein de Dieu. Or Jésus nous a dit : « Vous vous retrouverez tous un jour dans le royaume des cieux. »

Parenté corporelle et parenté spirituelle. — « Il y a deux sortes de familles : les familles par les liens spirituels et les familles par les liens corporels. Les premières durables se fortifient par l'épuration et se perpétuent dans le monde des esprits, à travers les diverses migrations de l'âme ; les secondes, fragiles comme la matière, s'éteignent avec le temps, et souvent se dissolvent moralement dès la vie actuelle. » (Allan Kardec.)

Communication (Paris 1862). — Les esprits que la similitude des goûts, l'identité du progrès moral et l'affection portent à se réunir, forment des familles ; ces mêmes esprits, dans leurs migrations terrestres, se recherchent pour se grouper, comme ils le font dans l'espace, de là naissent les familles unies et homogènes ; et si dans leurs pérégrinations, ils sont momentanément séparés, ils se retrouvent plus tard, heureux de leurs nouveaux progrès. Mais comme ils ne doivent pas seulement travailler pour eux, Dieu permet que des esprits moins avancés viennent s'incarner parmi eux, pour y puiser des conseils et de bons exemples dans l'intérêt de leur avancement. Ils y causent parfois du trouble, mais là est l'épreuve, là est la tâche. Accueillez-les donc en frères ; venez-leur en aide, et plus tard, dans le monde des esprits, la famille se félicitera d'avoir sauvé des naufragés, qui, à leur tour, pourront en sauver d'autres. (Evangile selon le spiritisme.)

Souffrances et récompenses. — L'esprit une fois séparé du corps, se réincarne quand il le veut, par suite de son libre arbitre, à moins qu'il ne soit pas capable de faire un choix par lui-même. Le juste jouit d'une félicité dont rien sur terre ne peut donner une image. Le pervers, honteux de ses fautes, qu'il ne peut plus dissimuler, bourrelé de remords, plongé parfois dans les ténèbres, rempli d'un trouble qui peut être plein d'horreur et d'épouvante, peut souffrir dans certains cas, des tourments dont aucune expression ne peut donner une idée. Il souffre jusqu'à ce que le repentir le pénètre. Alors Dieu commence à lui envoyer l'espérance, et il arrivera plus ou moins vite, à se préparer à de nouvelles incarnations, pour achever d'expier et réparer.

Evocation. Une mère criminelle. — J'ai peur... je souffre... j'ai froid. Qui êtes-vous? Entendez-vous quand on vous parle? Voyez-vous autour de vous?

Moi, je parle en vain. On ne m'entend pas et les ténèbres m'enveloppent. Dans quel lieu ma voix s'élève-t-elle? Pourquoi une seule voix, un vagissement d'enfant, frappe-t-il mon oreille, dans le silence sinistre de la nuit.

Oui, il y a des âmes en peine, des âmes perdues, qui ne savent si elles sont en enfer, en purgatoire, ou dans n'importe quel lieu, inconnu des hommes. Je n'ai pas vu dans mes rêves les attributs effrayants de l'enfer; je n'ai pas vu le purgatoire dans lequel reste au moins l'espérance..... Non. Je suis dans la nuit noire et mes membres sont glacés.

Ah! l'enfer quelque cruel qu'on me le représentait, est-il plus terrible?

Pourtant, je vis, je suis, je comprends même l'horreur de ma situation et c'est surtout par cette compréhension que je souffre.

J'ai entendu des voix d'enfants ici. J'ai marché dans l'ombre et je suis venue. Des voix d'enfants!... Des voix de jeunes filles aussi!... (Des enfants et des jeunes filles assistaient à cette séance.) Oserai-je devant ces cœurs si purs avouer que j'ai tué mon enfant. Oh! souffrance inouïe!... Douleur poignante!... Quel épouvantable désespoir est dans mon cœur ! Je l'appelle mon enfant, et il ne vient pas ! Mon cœur déchiré ne peut que souffrir sans espoir !... Mes oreilles ne peuvent entendre que la plainte que ce pauvre petit être m'envoie. Il vit, puisque je l'entends. O Dieu, que l'on dit tout-puissant, sois bon ! Rends-moi mon enfant. Rends-le-moi vivant puisque l'on ne meurt pas !............................. ...

J'entends des voix d'enfants ! Si le mien était ici ! S'il pouvait mêler sa voix plaintive aux vôtres. Ah ! un enfant ! un enfant ! un enfant ! pour qu'un baiser sur son front, attire mon enfant...

Evocation. Un criminel. — Quels tristes temps ! Quels tristes jours ! Comme mon âme est voilée ! Comment suis-je tombé si bas ? Pourquoi ne puis-je oublier ? Pourquoi devant mes yeux des rayons, puis tout à coup des ténèbres, et le vague sentiment d'un passé que je sens cruel et que je ne puis reconstituer. Oh ! cris de terreur, sang qui coule fumant encore ! Oh ! vision épouvantable ! Pourquoi, pourquoi prends-tu toujours mon sang, pour qu'il aille toujours se mêler, à celui, hélas que je verrai couler, longtemps peut-être encore, devant mes yeux. Souffrances terribles, au milieu d'espoirs éphémères, tel est ma vie ! Ah ! qu'elle approche la lueur d'espérance à laquelle je dois m'attacher. Ah ! qu'elle me prenne et m'emporte. Ah !

Nota. — Comme on peut s'en rendre compte, par les deux évocations ci-dessus, la nature des souffrances est toujours en rapport avec celle des fautes à expier.

Évocation. Un extra-terrien heureux. — Mon esprit a marché ! Tout nouvellement arrivé aux dernières limites des fluides qui émanent de votre terre je suis ébloui ! Combien je me sens peu, pourtant ! Combien je me vois petit au milieu de l'Univers, même si restreint que je puis embrasser.

Ah ! chers amis ! Quel enchantement ! Quel bonheur ! Quel charme ineffable d'être enfin dégagé de cette planète sombre et de voyager libre dans l'immensité ! Ah ! quel spectacle indescriptible ! J'ai vu les feux aux mille couleurs des soleils, prismes suspendus dans l'espace. Plus de ténèbres ! Partout la lumière me permettant d'étendre les connaissances qui doivent développer mon esprit et lui faire pénétrer les secrets

des mondes. Je vois partout la vie, partout la désa-
grégation nécessaire pour transformer en éléments
plus vivaces et plus forts, les éléments appartenant
à d'anciens systèmes et devant produire des mondes
nouveaux. Dans ces espaces que l'entendement
humain ne peut concevoir, des êtres lumineux
travaillent et progressent en amour, sous l'éclat
des soleils qui les nourrissent ! Soleils ! vous êtes
encore notre vie au delà des mondes où nous de-
vons graviter. Je vous aime et je vous chante. Je
suis revenu un moment au milieu de vous, et je
me demande s'il me sera possible de retrouver
encore en vous quittant, des choses aussi merveil-
leuses, de semblables beautés !

Adieu ! ou plutôt au revoir ! La terre est une de
mes patries. Je la quitte pour aller vers des hori-
zons plus larges ; mais je l'aime, je l'aimerai toujours, et je me souviendrai d'elle, toujours !

Nota. — Les trois évocations ci-dessus ont été
copiées dans la *Survie. Echos de l'au delà* de R.
Nœggerath.

Les esprits dans l'espace, Occupations et missions.
— On se figure généralement les esprits arrivés

au suprême degré, plongés dans une oisiveté et une béatitude éternelles. Bien au contraire, tous les esprits à quelque degré qu'ils appartiennent, sont loin d'être inactifs. Tandis que les uns par-courent l'infini, observent et s'instruisent, dans le but de progresser, d'autres ont des occupations déterminées. Elles sont proportionnées à leur degré d'avancement. L'esprit arrivé au suprême degré, devant posséder toute science, il faut naturelle-ment pour l'acquérir qu'il concourt successivement à l'accomplissement de tous les phénomènes de la nature. Les purs esprits reçoivent directement leurs ordres de Dieu et les transmettent dans tout l'univers, en veillant à leur accomplissement. Par suite de son libre arbitre, l'esprit peut rester inac-tif mais le désir d'avancer lui fait éprouver tôt ou tard celui de ne plus l'être. Les bons ont sur les mauvais un ascendant moral irrésistible. Les esprits pénètrent notre pensée et l'influent beau-coup plus que nous le croyons généralement. Tandis que les bons nous inspirent le désir du bien, les pervers soufflent au contraire parmi nous, la discorde et les mauvaises pensées. Dieu a placé près de chacun des incarnés, un esprit qui lui est supérieur, dans le but de l'inspirer et de con-

trebalancer ainsi l'action des mauvais esprits. C'est
celui que nous appelons ange gardien ou bon génie.
En dehors de nos anges gardiens, des esprits à qui
nous sommes sympatiques, généralement parmi
ceux que nous avons connus dans cette existence ou
dans d'autres, peuvent s'attacher à protéger plus
particulièrement une personne, une famille, ou
un groupe d'individus. Ce sont les esprits fami-
liers. Pendant le sommeil, nous entrons en communication avec les esprits. Notre esprit quitte
alors notre corps et va dans l'espace tout en y
restant attaché par un lien fluidique que la mort
seule peut rompre. Nous n'en gardons pas le souvenir à notre réveil, quelquefois pourtant, un
plus ou moins vague, constituant en partie ce que
nous appelons les rêves. Les esprits se déplacent
dans l'espace, grâce au fluide universel dans lequel
ils sont plongés. Les esprits sont par leur nature
affranchis de tout besoin matériel. Ils peuvent se
rendre invisibles à des esprits d'un ordre inférieur
au leur, mais pas à ceux qui leur sont supérieurs
ou égaux.

Nota. — Le but de cette brochure, après avoir
défini le spiritisme est de mettre surtout en évi-

dence la doctrine de la réincarnation. C'est pourquoi les questions en dehors ont été traitées très
brièvement. Nous la terminerons par quelques
communications d'esprits supérieurs, achevant de
montrer le véritable caractère du spiritisme, et
que nous puisons dans les œuvres d'Allan Kardec.

Hors la charité point de salut. — Mes enfants,
dans la maxime : Hors la charité point de salut,
sont contenues les destinées des hommes, sur la
terre et dans le ciel; sur la terre, parce qu'à
l'ombre de cet étendard ils vivront en paix ; dans
le ciel, parce que ceux qui l'auront pratiquée
trouveront grâce devant le Seigneur. Cette devise
est le flambeau céleste, la colonne lumineuse qui
guide l'homme dans le désert de la vie pour le
conduire à la terre promise ; elle brille dans le
ciel comme une auréole sainte au front des élus,
et sur la terre elle est gravée dans le cœur de ceux
à qui Jésus dira: Allez à droite, vous les bénis de
mon Père. Vous les reconnaissez au parfum de
charité qu'ils répandent autour d'eux. Rien n'ex-
prime mieux la pensée de Jésus, rien ne résume
mieux les devoirs de l'homme, que cette maxime
d'ordre divin ; le spiritisme ne pouvait mieux

prouver son origine qu'en la donnant pour règle, car elle est le reflet du plus pur christianisme ; avec un tel guide, l'homme ne s'égarera jamais. Appliquez-vous donc, mes amis, à en comprendre le sens profond et les conséquences, à en chercher pour vous-même toutes les applications. Soumettez toutes vos actions au contrôle de la charité, et votre conscience vous répondra ; non seulement elle vous évitera de faire le mal, mais elle vous fera faire le bien : car il ne suffit pas d'une vertu négative, il faut une vertu active ; pour faire le bien, il faut toujours l'action de la volonté ; pour ne pas faire le mal, il suffit souvent de l'inertie et de l'insouciance.

Mes amis, remerciez Dieu qui vous a permis que vous puissiez jouir de la lumière du spiritisme ; non pas que ceux qui la possèdent puissent seuls être sauvés, mais parce qu'en vous aidant à mieux comprendre les enseignements du Christ, elle fait de vous de meilleurs chrétiens ; faites donc qu'en vous voyant on puisse dire que vrai spirite et vrai chrétien sont une seule et même chose, car tous ceux qui pratiquent la charité sont les disciples de Jésus, à quelque culte qu'ils appartiennent. (Paul, apôtre, Paris, 1860.)

L'homme dans le monde. — Un sentiment de piété doit toujours animer le cœur de ceux qui se réunissent sous les yeux du Seigneur et implorent l'assistance des bons esprits. Purifiez donc vos cœurs ; n'y laissez séjourner aucune pensée mondaine ou futile ; élevez votre esprit vers ceux que vous appelez, afin que, trouvant en vous les dispositions nécessaires, ils puissent jeter à profusion la semence qui doit germer dans vos cœurs et y porter des fruits de charité et de justice.

Ne croyez pas pourtant qu'en vous excitant sans cesse à la prière et à l'évocation mentale, nous vous engagions à vivre d'une vie mystique qui vous tienne en dehors des lois de la société où vous êtes condamnés à vivre. Non, vivez avec les hommes de votre époque, comme doivent vivre des hommes ; sacrifiez aux besoins, aux frivolités même du jour ; mais sacrifiez-y avec un sentiment de pureté qui puisse les sanctifier. Vous êtes appelés à vous trouver en contact avec des esprits de nature différente, des caractères opposés : ne heurtez aucun de ceux avec lesquels vous vous trouvez. Soyez gais, soyez heureux, mais de la gaîté que donne la bonne conscience, du bonheur

3.

de l'héritier du ciel comptant les jours qui le rapprochent de son héritage.

La vertu ne consiste pas à revêtir un aspect sévère et lugubre, à repousser les plaisirs que vos conditions humaines permettent ; il suffit de rapporter tous les actes de sa vie au créateur qui a donné cette vie ; il suffit, quand on commence ou achève une œuvre, d'élever sa pensée vers le Créateur et de lui demander, dans un élan de l'âme, soit sa protection pour réussir, soit sa bénédiction pour l'œuvre achevée. Quoique vous . fassiez, remontez vers la source de toutes choses ; ne faites jamais rien sans que le souvenir de Dieu ne vienne purifier et sanctifier vos actes.

La perfection est toute entière, comme l'a dit le Christ, dans la pratique de la charité absolue ; mais les devoirs de la charité s'étendent à toutes les positions sociales, depuis le plus petit, jusqu'au plus grand. L'homme qui vivrait seul n'aurait pas de charité à exercer ; ce n'est que dans le contact de ses semblables, dans les luttes les plus pénibles, qu'il en trouve l'occasion. Celui donc qui s'isole se prive volontairement du plus puissant moyen de perfection ; n'ayant à penser qu'à lui, sa vie est celle d'un égoïste.

Ne vous imaginez donc pas que pour vivre en communication constante avec nous, pour vivre sous l'œil du Seigneur, il faille revêtir le cilice et se couvrir de cendres ; non, non, encore une fois ; soyez heureux suivant les nécessités de l'humanité, mais que dans votre bonheur il n'entre jamais, ni une pensée, ni un acte, qui puisse l'offenser ou faire voiler la face de ceux qui vous aiment et vous dirigent. Dieu est amour et bénit ceux qui aiment saintement. (Un esprit protecteur. Bordeaux, 1863.)

Épreuves volontaires. Le vrai cilice. — Vous demandez s'il est permis d'adoucir ses propres épreuves ; cette question revient à celle-ci : Est-il permis à celui qui se noie de chercher à se sauver ? à celui qui s'est enfoncé une épine de la retirer ? à celui qui est malade d'appeler le médecin? Les épreuves ont pour but d'exercer l'intelligence aussi bien que la patience et la résignation ; un homme peut naître dans une position pénible et embarrassée, précisément pour l'obliger à chercher les moyens de vaincre les difficultés. Le mérite consiste à supporter sans murmure les conséquences des maux qu'on ne peut éviter, à persévérer dans la lutte, à ne se point désespérer, si l'on ne réussit pas, mais non dans un laisser-aller qui serait de la paresse plus que de la vertu.

Cette question en amène naturellement une autre. Puisque Jésus a dit : « Bienheureux les affligés » y a-t-il du mérite à chercher les afflictions en aggravant ses épreuves par des souffrances volontaires ? A cela je répondrai très nettement : Oui, il y a un grand mérite, quand les souffrances et les privations ont pour but le bien du prochain, car c'est de la charité par le sacrifice ; non, quand elles n'ont pour but que soi-même, car c'est de l'égoïsme par fanatisme.

Il y a ici une grande distinction à faire ; pour vous, personnellement, contentez-vous des épreuves que Dieu vous envoie, et n'en augmentez pas la charge, si lourde parfois ; acceptez-les sans murmure et avec foi, c'est tout ce qu'il vous demande. N'affaiblissez pas votre corps par des privations inutiles et des macérations sans but, car vous avez besoin de toutes vos forces, pour accomplir votre mission de travail sur la terre. Torturer volontairement et martyriser votre corps, c'est contrevenir à la loi de Dieu, qui vous donne le moyen de le soutenir et de le fortifier ; l'affaiblir sans nécessité est un véritable suicide. Usez, mais n'abusez pas : telle est la loi ; l'abus des meilleures choses porte sa punition, par ses conséquences inévitables.

Il en est autrement des souffrances que l'on s'impose pour le soulagement de son prochain. Si vous endurez le froid et la faim pour réchauffer et nourrir celui qui en a besoin, et si votre corps en pâtit, voilà le sacrifice qui est béni de Dieu. Vous qui quittez vos boudoirs parfumés pour aller dans la mansarde infecte porter la consolation ; vous qui salissez vos mains délicates en soignant des plaies ; vous qui vous privez de sommeil en veillant au chevet d'un malade qui n'est que votre frère en Dieu ; vous enfin qui usez votre santé dans la pratique des bonnes œuvres, voilà votre cilice, vrai cilice de bénédiction, car les joies du monde n'ont pas desséché votre cœur ; vous ne vous êtes point endormis au sein des voluptés énervantes de la fortune, mais vous vous êtes faits les anges consolateurs des pauvres déshérités.

Mais vous qui vous retirez du monde pour éviter ses séductions et vivre dans l'isolement, de quelle utilité êtes-vous sur la terre ? où est votre courage dans les épreuves, puisque vous fuyez la lutte et désertez le combat ? Si vous voulez un cilice, appliquez-le sur votre âme et non sur votre corps ; mortifiez votre esprit et non votre chair ; fustigez votre orgueil, recevez les humiliations sans vous plaindre, meurtrissez votre amour-propre, raidissez-vous contre la douleur de l'injure et de la calomnie, plus poignante que la douleur corporelle. Voilà le vrai cilice dont les blessures vous seront comptées, parce qu'elles attesteront votre courage et votre soumission à la volonté de Dieu. (*Un ange gardien*. Paris, 1863.)

Peines éternelles. — Attachez-vous, par tous les moyens qui sont en votre pouvoir, à combattre, à anéantir l'idée de l'éternité des peines ; pensée blasphématoire envers la justice et la bonté de Dieu, source la plus féconde de l'incrédulité, du matérialisme et de l'indifférence qui ont envahi les masses depuis que leur intelligence a commencé à se développer. L'esprit, près de s'éclairer, ne fût-il même que dégrossi, en a bientôt saisi la monstrueuse injustice ; sa raison le repousse et alors il manque rarement de confondre dans un même ostracisme, et la peine qui le révolte, et le Dieu auquel il l'attribue ; de là les maux sans nombre qui sont venus fondre sur vous et auxquels nous venons vous apporter remède. La tâche que nous vous signalons vous sera d'autant plus facile, que les autorités sur lesquelles s'appuient les défenseurs de cette croyance ont toutes évité de se prononcer formellement ; ni les conciles, ni les Pères de l'Église n'ont tranché cette grave question. Si, d'après les évangélistes eux-mêmes, et en prenant au pied de la lettre les paroles emblématiques du Christ, il a menacé les coupables d'un feu qui ne s'éteint pas, d'un feu éternel, il n'est absolument rien dans ses paroles qui prouve qu'il les ait condamnés éternellement.

Pauvres brebis égarées, sachez voir venir à vous le bon Pasteur, qui, loin de vouloir vous bannir à tout jamais de sa présence, vient lui-même à votre rencontre pour vous ramener au bercail. Enfants prodigues, quittez votre exil volontaire, tournez vos pas vers la demeure paternelle ; le père vous tend les bras et se tient toujours prêt à fêter votre retour en famille. (Lamennais.)

Peines éternelles. — Guerre de mots ! guerre

de mots ! n'avez-vous pas fait assez verser de sang !
faut-il donc encore rallumer les bûchers ? On dis-
cute sur les mots : éternité des peines, éternité
des châtiments ; ne savez-vous donc pas que ce
que vous entendez aujourd'hui par éternité, les
anciens ne l'entendaient pas comme vous ? Que
le théologien consulte les sources et comme vous
tous il y découvrira que le texte hébreu ne don-
nait pas au mot que les Grecs, les Latins et les
modernes ont traduit par peines sans fin, irrémis-
sibles, la même signification. Eternité du châti-
ment, correspond à l'éternité du mal. Oui, tant
que le mal existera parmi les hommes, les châtiments subsisteront ; c'est dans le sens relatif qu'il
importe d'interpréter les textes sacrés. L'éternité
des peines n'est donc que relative et non absolue.
Qu'un jour advienne où tous les hommes se revê-
tiront, par la repentance, de la robe d'innocence,
et ce jour-là plus de gémissements, plus de grin-
cements de dents. Votre raison humaine est bor-
née, il est vrai, mais telle qu'elle est c'est un
présent de Dieu, avec cet aide de la raison, il n'est
pas un homme de bonne foi qui comprenne autrement l'éternité des châtiments. L'éternité des châtiments ! Quoi ! il faudrait donc admettre que le

mal serait éternel. Dieu seul est éternel, et n'a pu
créer le mal éternel, sans cela il faudrait lui arra-
cher le plus magnifique de ses attributs : la sou-
veraine puissance, car celui-là n'est pas souverai-
nement puissant qui peut créer un élément des-
tructeur de ses œuvres. Humanité ! Humanité !
ne plonge donc plus tes mornes regards dans les
profondeurs de la terre, pour y chercher les châtiments ; pleure, espère, expie, et réfugie-toi dans
la pensée d'un Dieu intimement bon, absolument
puissant, essentiellement juste. (Platon.)

ŒUVRES D'ALLAN KARDEC

LIBRAIRIE DES SCIENCES PSYCHIQUES

12, RUE SAINT-JACQUES, PARIS

Le Livre des Esprits contenant les principes de la doctrine spirite, sur l'immortalité de l'âme, la nature des esprits et leurs rapports avec les hommes, les lois morales, la vie présente, la vie future, et l'avenir de l'humanité, selon les enseignements donnés par les esprits. 1 volume........................ 3.50 *franco*

Le livre des Médiums. — Partie expérimentale ou guide des médiums et des évocateurs, contient l'enseignement spécial des esprits sur la théorie de tous les genres de manifestations, les moyens de communiquer avec le monde invisible, le développement de la médiumnité, les difficultés et les écueils que l'on peut rencontrer dans la pratique du Spiritisme. 1 volume 3.50 *franco*

L'Evangile selon le Spiritisme contient l'explication des maximes morales du Christ, leur concordance avec le Spiritisme et leur application aux diverses positions de la vie. 1 v. 3.50 *franco*

Le Ciel et l'Enfer ou la justice divine selon le Spiritisme, contient l'examen comparé des doctrines sur le passage de la vie corporelle à la vie spirituelle, les peines et les récompenses futures, les anges et les démons, les peines éternelles, etc. suivi de nombreux exemples sur la situation réelle de l'âme, pendant et après la mort. 1 volume........................ 3.50 *franco*

La Génèse, les Miracles et les Prédictions selon le Spiritisme contient le rôle de la science dans la génèse ; les systèmes du monde, anciens et modernes, l'esquisse géologique de la terre ; la théorie de la terre, etc. 1 volume... 3.50 *franco*

Œuvres posthumes. — Ce livre contient la biographie d'Allan Kardec, sa profession de foi spirite raisonnée, comment il est devenu spirite ; aussi les divers phénomènes auxquels il a assisté. 1 volume............................... 3.50 *franco*

Qu'est-ce que le Spiritisme (Prix 1 franc). — Introduction à la connaissance du monde invisible par les manifestations des esprits ; il contient le résumé des principes de la doctrine spirite, et la réponse aux principales objections.

Châteauroux. — Typ et Stéréot. A. Mellottée